Impressum
Verlag: BABADADA GmbH, Nedderfeld 112 , 22529 Hamburg
Geschäftsführer / Verlagsleitung: Harald Hof
Druck: Books on Demand GmbH, In de Tarpen 42, 22848 Norderstedt

Imprint
Publisher: BABADADA GmbH, Nedderfeld 112 , 22529 Hamburg, Germany
Managing Director / Publishing direction: Harald Hof
Print: Books on Demand GmbH, In de Tarpen 42, 22848 Norderstedt

sekolahan
shule

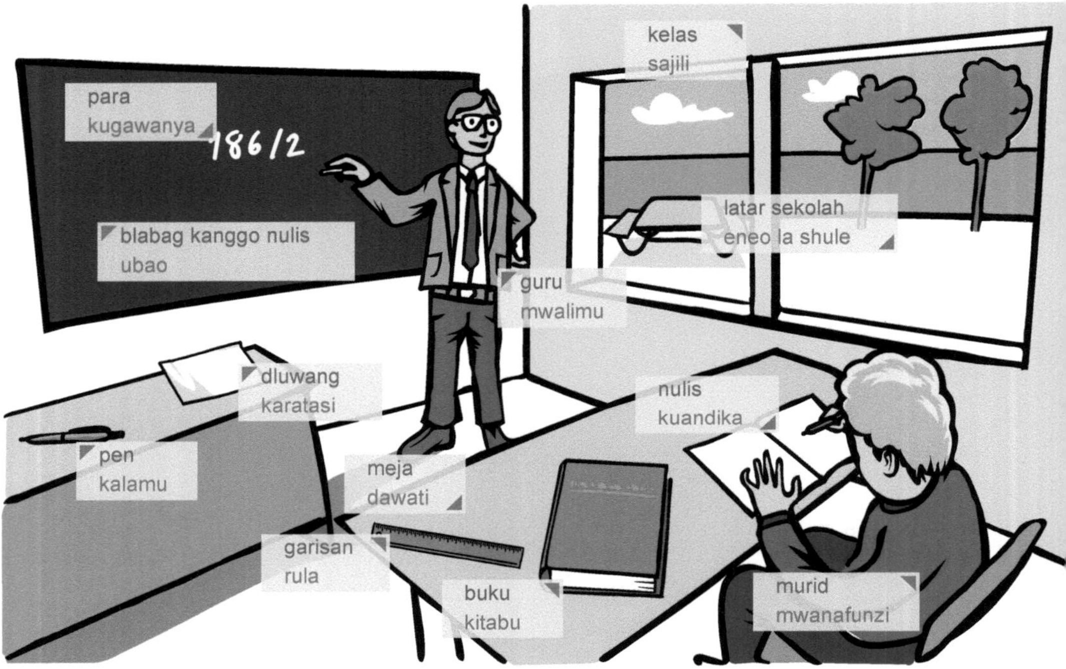
kelas
sajili
para
kugawanya
186/2
blabag kanggo nulis
ubao
latar sekolah
eneo la shule
guru
mwalimu
dluwang
karatasi
nulis
kuandika
pen
kalamu
meja
dawati
garisan
rula
buku
kitabu
murid
mwanafunzi

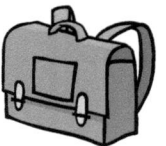

tas sekolah

mkoba

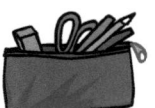

tepak potlot

kikasha cha penseli

potlot

penseli

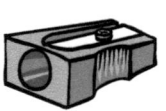

orotan potlot

kichonga penseli

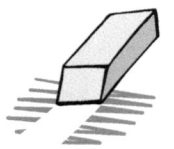

setip

mpira

lemek nggambar

pedi ya kuchora

gambar

uchoraji

kuwas

brashi ya rangi

tepak cat nggambar

sanduku la rangi

gunting

mkasi

lem

gundi

buku latihan soal

daftari

pakaryan omah

kazi ya nyumbani

12

angka

nambari

2+2

tambah

jumlisha

5-2

suda

ondoa

2×2

ping

zidisha

itung

kokotoa

A

aksara

barua

ABCDEFG
HIJKLMN
OPQRSTU
VWXYZ

abjad

alfabeti

hello

tembung

neno

teks
maandishi

maca
kusoma

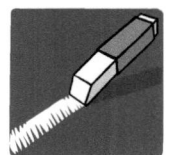

kapur
chaki

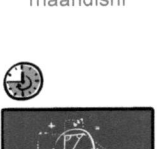

wulangan
somo

dhaptar
sajili

ujian
uchunguzi

sertipikat
cheti

sragam sekolah
sare za shule

pendhidhikan
elimu

ensiklopedia
elezo

universitas
chuo kikuu

mikroskop
darubini

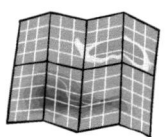

peta
ramani

kranjang larahan
kikapu cha kuweka karatasi chafu

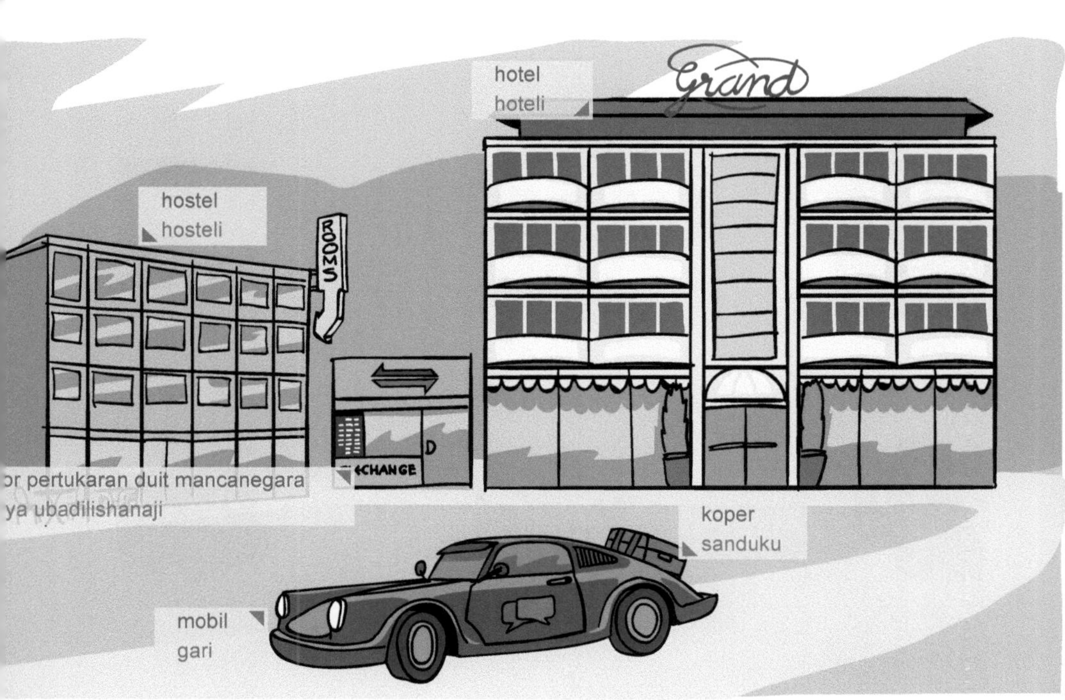
hotel
hoteli
Grand
hostel
hosteli
ROOMS
EXCHANGE
or pertukaran duit mancanegara
ya ubadilishanaji
koper
sanduku
mobil
gari

basa

lugha

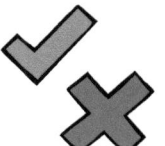

iya / ora

ndiyo / la

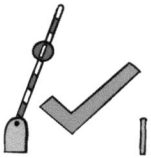

oke

sawa

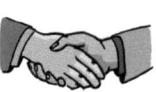

halo

hujambo

juru basa

mtafsiri

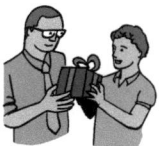

matur nuwun

Asante

Piro regane ...?
kiasi gani ni ...?

aku ora ngerti
Sielewi

masalah
tatizo

Sugeng dalu!
Jioni njema!

Sugeng enjang
Habari za asubuhi!

Sugeng dalu!
Usiku mwema!

pareng
kwa heri

arah
mwelekeo

koper
mizigo

tas
mfuko

ransel
shanta

tamu
mgeni

kamar
chumba

kantong turu
begi la kulalia

tenda
hema

informasi turis

taarifa ya utalii

pantai

ufuo

kertu kredit

kadi

sarapan

kifunguakinywa

mangan awan

chakula cha mchana

mangan ing wayah bençi

chakula cha jioni

tiket

tiketi

lift

kuinua

perangko

muhuri

watesan

mpaka

cukai

mila

kedutaan

ubalozi

visa

visa

paspor

pasipoti

angkutan
usafiri

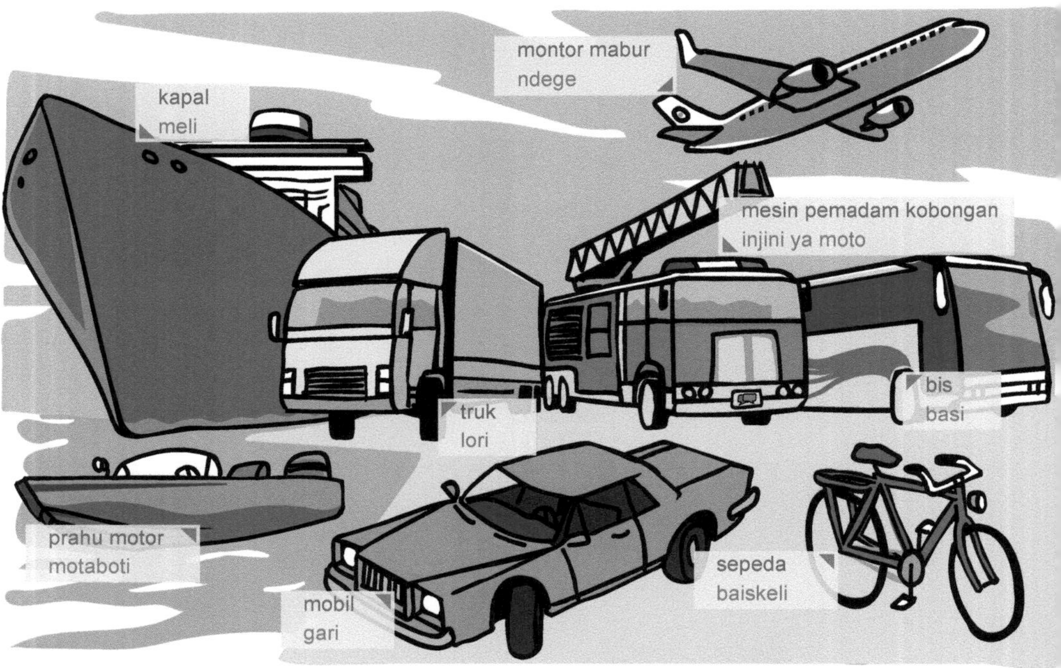
montor mabur
ndege
kapal
meli
mesin pemadam kobongan
injini ya moto
truk
lori
bis
basi
prahu motor
motaboti
sepeda
baiskeli
mobil
gari

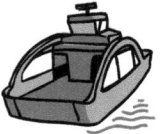

feri
....
feri

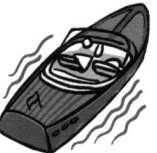

perahu
....
mashua

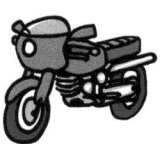

sepeda motor
....
pikipiki

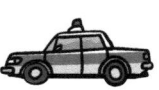

mobil polisi
....
gari la polisi

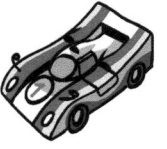

mobil balapan
....
gari la mashindano

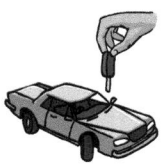

mobil sewa
....
gari la kukodisha

sewa mobil

kushiriki gari

truk derek

lori la kuvuta

truk resek

ukusanyaji taka

motor

motor

bensin

mafuta

pom bensin

kituo cha mafuta

tanda dalan

ishara trafiki

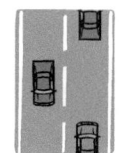

lalu lintas

trafiki

macet

msongamano

parkir mobil

maegesho

stasiun sepur

kituo cha treni

ril sepur

reli

sepur

garimoshi

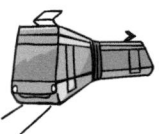

tram

tremu

grobak

gari la mizigo

helikopter

helikopta

lapangan montor mabur

uwanja wa ndege

menara

mnara

penumpang

abiria

kontener

chombo

kerdhus

katoni

troli

mkokoteni

kranjang

kikapu

mabur / ndarat

ondoka

kutha

jiji

desa

kijiji

tengah kutha

katikati ya jiji

omah

nyumba

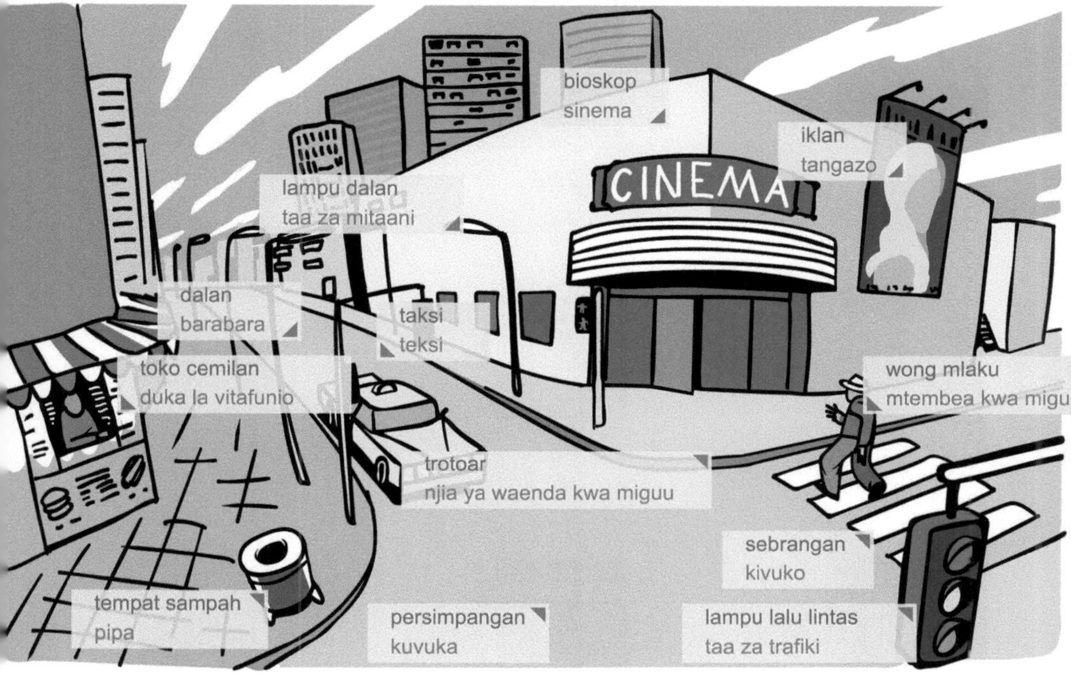

bioskop
sinema
iklan
tangazo
CINEMA
lampu dalan
taa za mitaani
dalan
barabara
taksi
teksi
toko cemilan
duka la vitafunio
wong mlaku
mtembea kwa miguu
trotoar
njia ya waenda kwa miguu
sebrangan
kivuko
tempat sampah
pipa
persimpangan
kuvuka
lampu lalu lintas
taa za trafiki

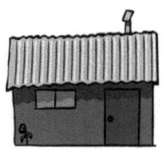

gubuk

kibanda

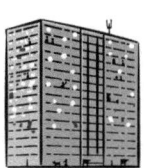

apartemen

gorofa

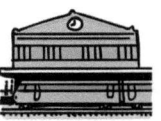

stasiun sepur

kituo cha treni

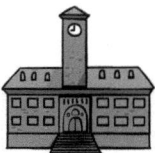

bale kutha

ukumbi wa mji

MUSEUM

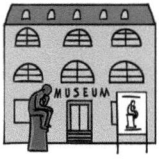

museum

Makavazi

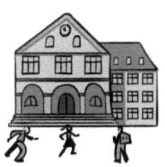

sekolahan

shule

universitas

chuo kikuu

bank

benki

griya sakit

hospitali

hotel

hoteli

apotek

duka la dawa

kantor

ofisi

toko buku

duka la kitabu

toko

duka

toko kembang

duka la maua

supermarket

dukakuu

pasar

soko

toko sarwa ana

idara ya kuhifadhi

toko iwak

mwuza samaki

mal

kituo cha ununuzi

pelabuhan

bandari

taman

Hifadhi

bangku

benki

tretek

daraja

andha

vidato

metro

chini ya ardhi

trowongan

handaki

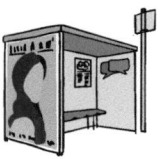

halte bis

kituo cha mabasi

bar

bar

restoran

mgahawa

kotak surat

sanduku la posta

pratandha dalan

ishara ya barabara

meteran parkir

mita ya maegesho

kebon kewan

bustani ya wanyama

kolam renang

kidimbwi cha kuogelea

masjid

msikiti

kebon

shamba

polusi

uchafuzi

kuburan

makaburini

greja

kanisa

panggon dolanan

uwanja wa michezo

candi

hekalu

lanskap
mazingira

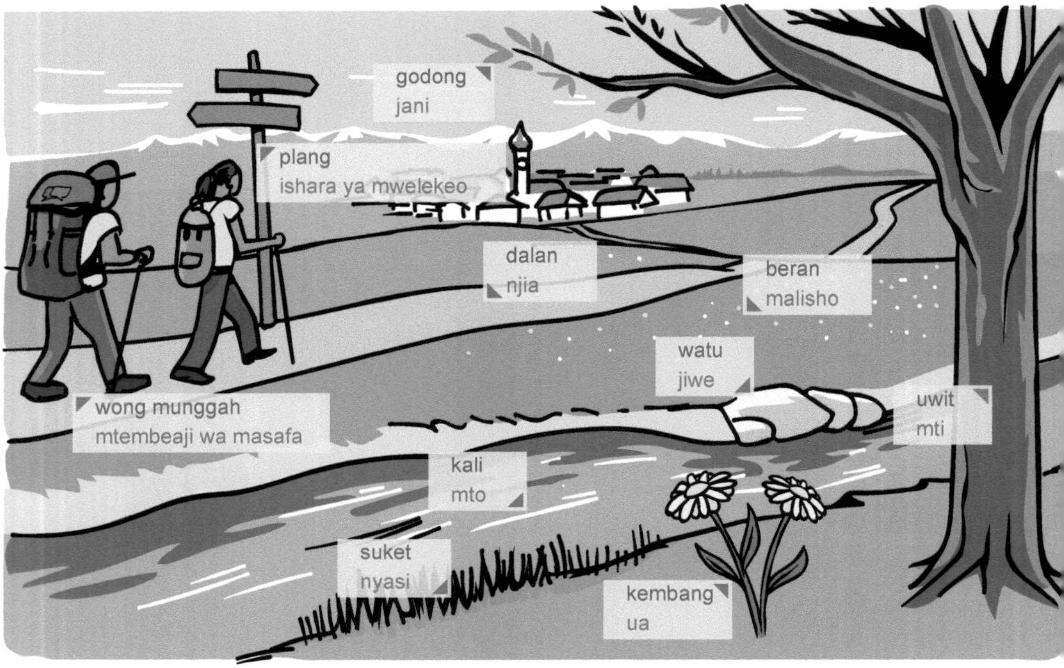

godong
jani

plang
ishara ya mwelekeo

dalan
njia

beran
malisho

watu
jiwe

wong munggah
mtembeaji wa masafa

uwit
mti

kali
mto

suket
nyasi

kembang
ua

lembah
bonde

bukit
kilima

tlogo
ziwa

alas
msitu

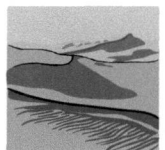

ara-ara
jangwa

gunung geni
volkano

keraton
ngome

kluwung
upinde wa mvua

jamur
uyoga

uwit palem
mtende

lemut
mbu

laler
kuruka

semut
chungu

tawon
nyuki

angga-angga
buibui

kumbang

mende

kodok

chura

bajing

kuchakuro

landhak

nungunungu

truwelu

sungura

manuk dares

bundi

manut

ndege

banyak

swan

celeng

nguruwe mwitu

kidang

kulungu

menjangan

aina ya kongoni

bendungan

bwawa

turbin angin

tabo ya upepo

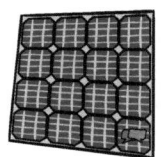

panel srengenge

nishaji ya jua

iklim

hali ya hewa

restoran
mgahawa

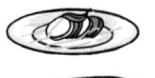

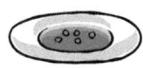

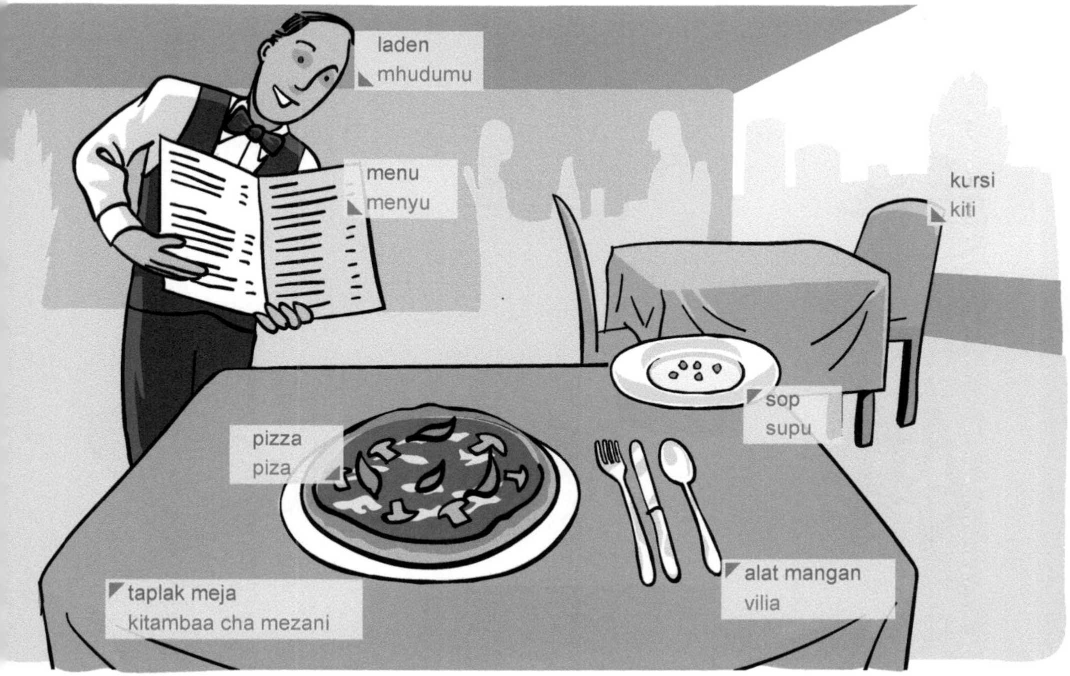

laden
mhudumu
menu
menyu
kursi
kiti
sop
supu
pizza
piza
alat mangan
vilia
taplak meja
kitambaa cha mezani

hidangan pambuka

kiamsha hamu

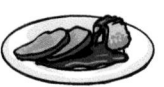

menu utama

kozi kuu

hidangan penutup

kitindamlo

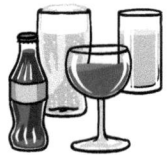

ombenan

vinywaji

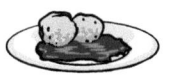

panganan

chakula

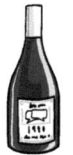

gendul

chupa

panganan instan
....
chakula cha haraka

jajan cemilan
....
Streetfood

ceret teh
....
buli

kaleng gula
....
kisanduku cha sukari

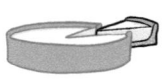

porsi
....
sehemu

mesin espresso
....
mashine ya espresso

kursi duwur
....
kiti kirefu

tagihan
....
muswada

baki
....
trei

lading
....
kisu

sendok garpu
....
uma

sendok
....
kijiko

sendok teh
....
kijiko cha chai

serbet
....
nepi

gelas
....
glasi

piring

sahani

piring sop

sahani ya supu

lepek

sufuria

duduh

mchuzi

gendul uyah

kichanyaji chumvi

bubuk mrico

kinu cha pilipili

cuka

siki

lenga

mafuta

bumbon

viungo

saos tomat

kechapu

mustar

haradali

mayones

kachumbari nzito

The supermarket scene is labeled:

- tawaran khusus / ofa maalum
- langganan / mteja
- produk saka susu / maziwa
- FOR
- woh-wohan / matunda
- troli / toroli

toko daging

mchinjaji

toko roti

mwokaji

nimbang

uzito

janganan

mboga

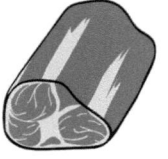

daging panggang

nyama

panganan beku

chakula waliohifadhiwa

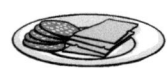

irisan daging

vipande vya nyama baridi

panganan kaleng

chakula cha kopo

deterjen

sabuni ya unga

permen

pipi

produk reresik omah

bidhaa za kaya

produk reresik

bidhaa za kusafisha

bakul

mtu mauzo

mesin kasir

mpaka

kasir

keshia

daftar blanja

orodha ya manunuzi

jam buka

masaa ya ufunguzi

dompet

mkoba

kertu kredit

kadi

tas

mfuko

tas kresek

mfuko wa plastiki

banyu

maji

jus

sharubati

susu

maziwa

ombenan kanthi karbon

coke

anggur

mvinyo

bir

bia

alkohol

pombe

coklat

kakao

teh

chai

kopi

kahawa

espresso

spreso

cappuccino

kapuchino

gedhang

ndizi

apel

tufaha

jeruk

machungwa

semangka

tikiti

jeruk lemon

lemon

wortel

karoti

bawang

kitunguu saumu

pring

mianzi

bawang

kitunguu

jamur

uyoga

kacang

karanga

bakmi

nudo

spageti

spageti

sego

mpunga

salad

saladi

kentang goreng

vibanzi

kentang goreng

viazi vya kukaanga

pizza

piza

hamburger

hambaga

roti isi

sandwichi

daging irisan

kipande

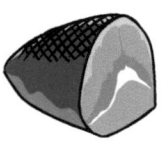

daging ham

paja la mnyama

salami

salami

sosis

soseji

pitik

kuku

daging panggang

choma

iwak

samaki

bubol gandum

oats ya uji

muesli

muesli

sereal jagung

cornflakes

glepung

unga

croissant

kroisanti

roti

andazi

roti

mkate

roti panggang

mkate wa kubanika

biskuit

biskuti

mertega

siagi

dadih

maziwa mgando

kue

keki

endog

yai

endog goreng

yai kukaanga

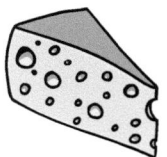

keju

jibini

es krim

aiskrimu

gula

sukari

madu

asali

sele

jemu

krim nugat

kuenea kwa chokoleti

kare

mchuzi wa viungo

kebon

shamba

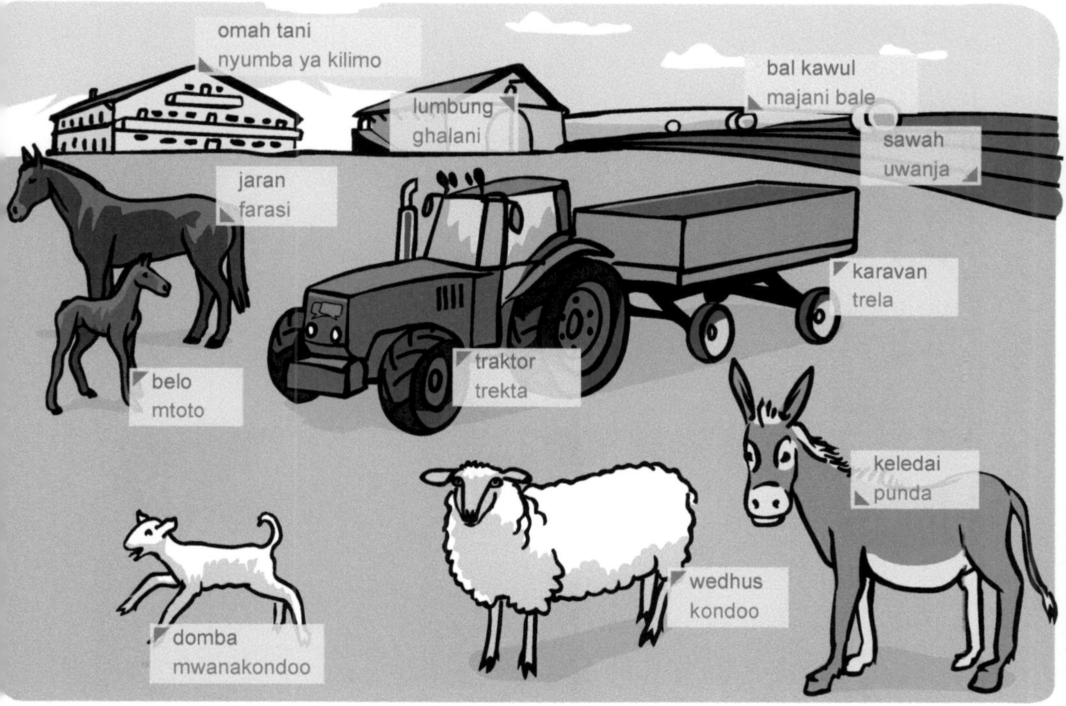
omah tani
nyumba ya kilimo
lumbung
ghalani
bal kawul
majani bale
sawah
uwanja
jaran
farasi
karavan
trela
belo
mtoto
traktor
trekta
keledai
punda
wedhus
kondoo
domba
mwanakondoo

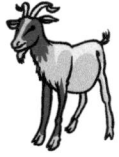

wedhus

mbuzi

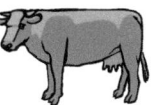

sapi

ng'ombe

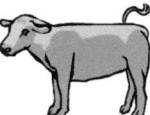

pedhet

ndama

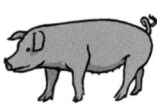

babi

nguruwe

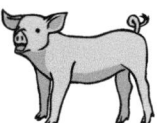

gambluk

mwananguruwe

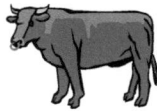

kebo

fahali

banyak

batabukini

bebek

bata

kuthuk

kifaranga

babon

kuku

jago

jogoo

tikus

panya

kucing

paka

tikus

panya

sapi

ng'ombe

asu

mbwa

kandang asu

nyumba ya mbwa

selang

bomba la bustani

gembor

debe la kumwagilia maji

arit gede

fyekeo

waluku

kulima

arit gede
mundu

pacul
jembe

garu
uma wa nyasi

kapak
shoka

grobak surung
toroli

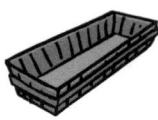

wadah pakan
kupitia nyimbo

kaleng susu
chombo cha maziwa

karung
gunia

pager
ua

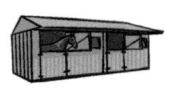

kandang
imara

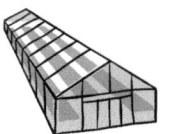

omah kaca
chafu

lemah
udongo

wiji
mbegu

rabuk
mbolea

traktor panen
kivunaji

manen
mavuno

panen
mavuno

ubi
viazi vikuu

gandum
ngano

kedelai
soya

kentang
viazi

jagung
mahindi

lobak
rapa

wit woh-wohan
mti wa matunda

telo
muhogo

sereal
nafaka

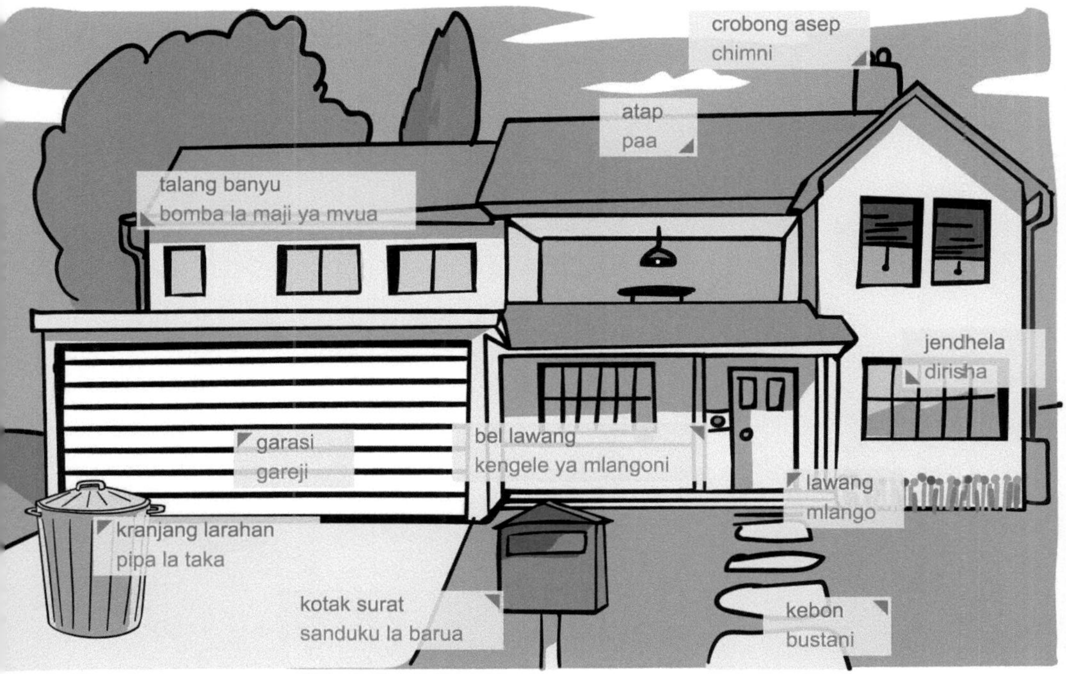

crobong asep
chimni

atap
paa

talang banyu
bomba la maji ya mvua

jendhela
dirisha

garasi
gareji

bel lawang
kengele ya mlangoni

lawang
mlango

kranjang larahan
pipa la taka

kotak surat
sanduku la barua

kebon
bustani

ruang tamu

sebuleni

jedhing

bafu

pawon

jikoni

kamar turu

chumba cha kulala

kamar anak

chumba ya mtoto

kamar panedhaan

chumba cha kulia

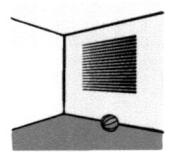

jobin

sakafu

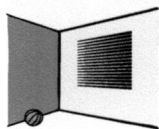

tembok

ukuta

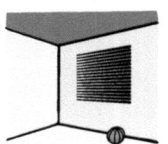

pyan

dari

gudhang ing njero lemah

pishi

sauna

sauna

balkon

roshani

teras

mtaro

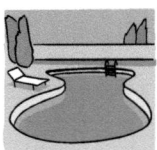

blumbang kanggo nglangi

kidimbwi

mesin kanggo motong suket

mashine ya kukata nyasi

lembaran

karatasi

sprei

kitambaa cha kupamba
kitanda

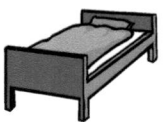

dipan

kitanda

sapu

ufagio

ember

ndoo

tombol

kubadili

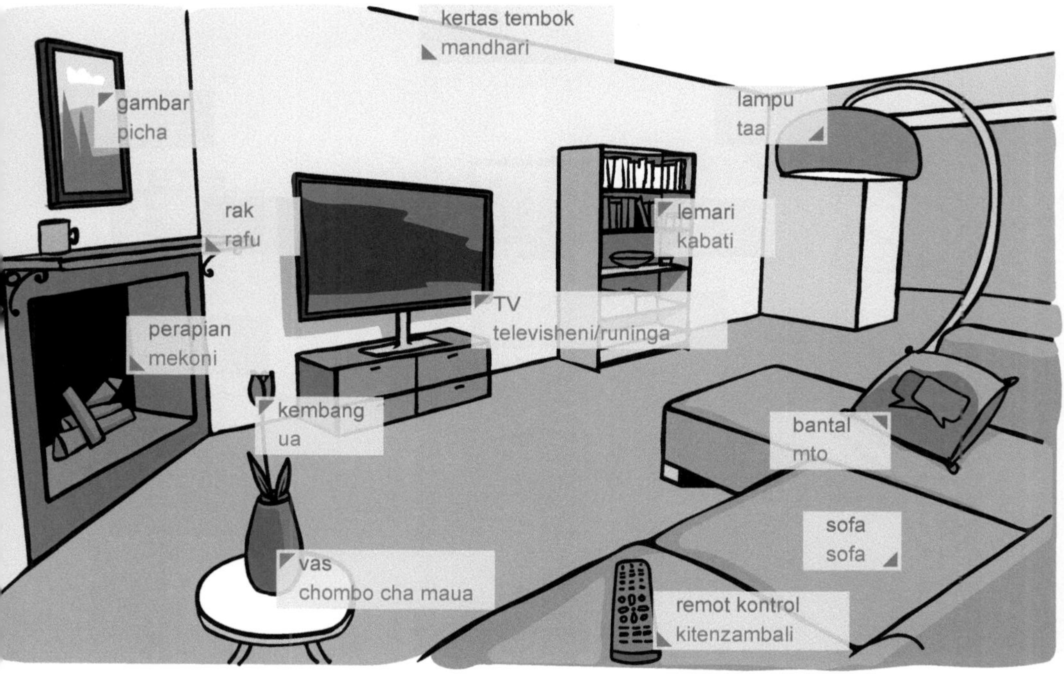

kertas tembok
mandhari

gambar
picha

lampu
taa

rak
rafu

lemari
kabati

perapian
mekoni

TV
televisheni/runinga

kembang
ua

bantal
mto

vas
chombo cha maua

sofa
sofa

remot kontrol
kitenzambali

karpet

zulia

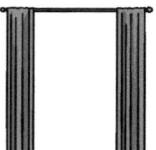

korden

pazia

meja

meza

kursi

kiti

kursi goyang

kiti cha bembea

kursi tangan

armchair

buku

kitabu

selimut

blanketi

dekorasi

mapambo

kayu bakar

kuni

film

filamu

hi-fi

kifaa cha hi-fi

kunci

ufunguo

koran

gazeti

lukisan

uchoraji

poster

bango

radio

redio

buku catetan

daftari

penyedot lebut

kifyonza

kaktus

dungusi kakati

lilin

mshumaa

pawon
jikoni

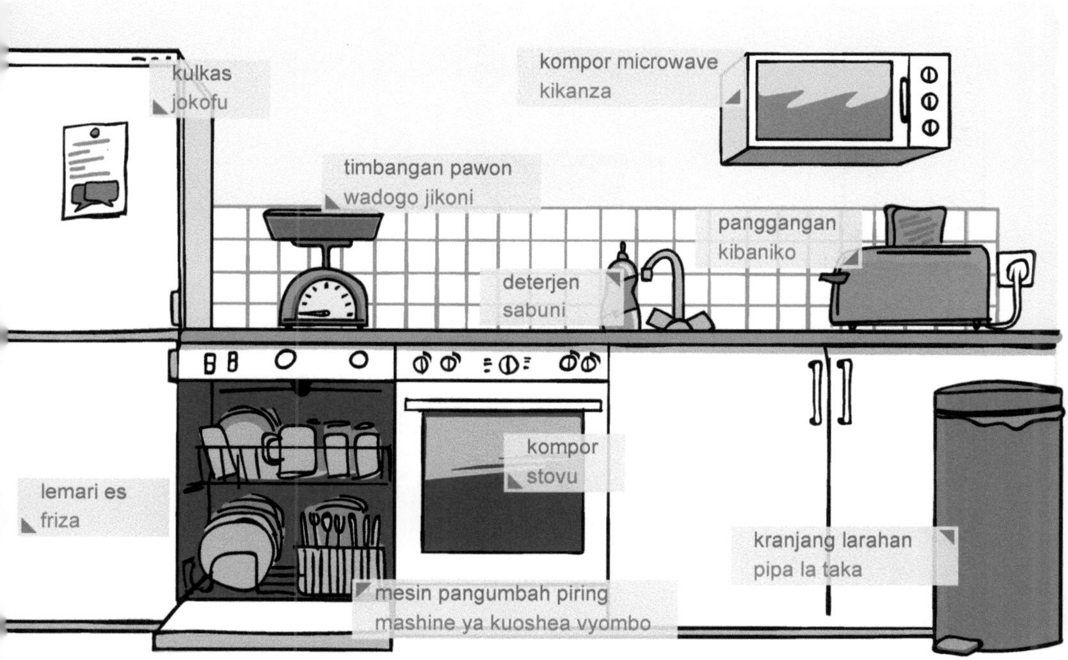
kulkas
jokofu
kompor microwave
kikanza
timbangan pawon
wadogo jikoni
panggangan
kibaniko
deterjen
sabuni
kompor
stovu
lemari es
friza
kranjang larahan
pipa la taka
mesin pangumbah piring
mashine ya kuoshea vyombo

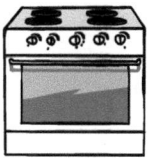

kompor
jiko la kupika

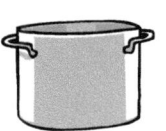

panci
chungu

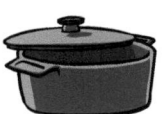

panci wesi
sufuria ya chuma

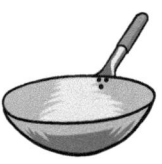

wajan
wok / kadai

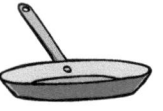

wajan
kaango

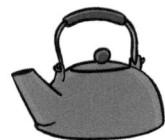

ceret
birika

kukusan

stima

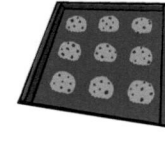

loyang

sinia ya kuoka

pecah belah

vyombo vya udongo

mug

kombe

mangkok

bakuli

sumpit

vijiti vya kulia

irus

ukawa

solet

mwiko mpana

udeg

burashi

ayakan

kichujio

saringan

chujio

parutan

mbuzi

lumpang

chokaa

panggangan

barbeque

geni

moto wazi

telenan

ubao wa majaribio

gilingan adonan

kijiti cha kusukuma unga

kotrek

kizibuo

kaleng

kopo

bukaan kaleng

inaweza kopo

cempal

kishikio cha chungu

wastafel

karo

sikat

brashi

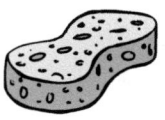

sepon

sifongo

blender

kisagaji matunda

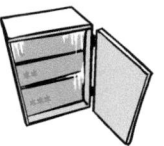

kulkas

friji ya kina

gendul bayi

chupa ya mtoto

kran

bomba

jedhing

bafu

pancuran
mfereji wa kuogea
alat manasi
joto
andhuk
taulo
klambu jedhing
pazia la kuogea
adhus unthuk
maji ya kuoga yenye povu
bak adhus
hodhi
gelas
glasi
mesin ngumbah
mashine ya kuosha
kran
bomba
tekel
vigae
pispot
poti
wastafel
karo

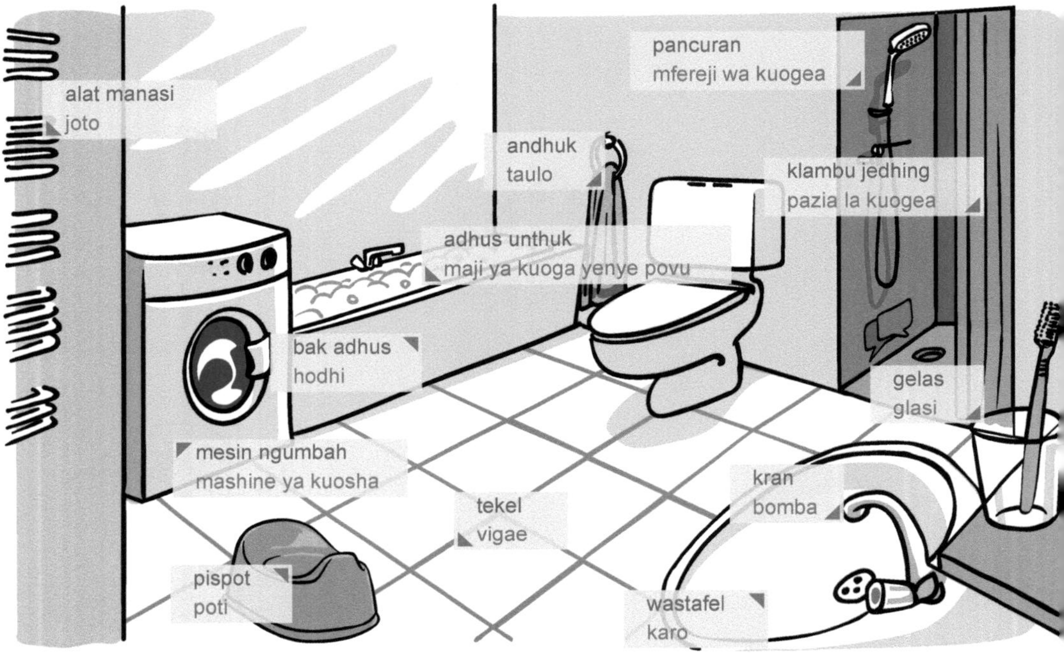

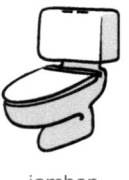

jamban

choo

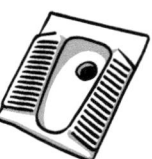

jamban dhodhok

choo cha squat

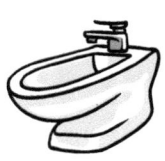

bidet

beseni la mviringo

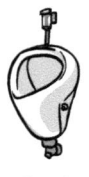

pissoir

choo cha umma

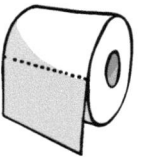

tisu jamban

shashi

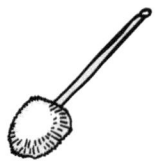

sikat jamban

brashi ya choo

sikat untu

mswaki

odol

dawa ya meno

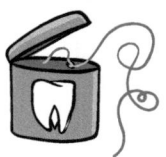

bolah untu

dawa ya meno

ngumbahi

safisha

gagang shower

kuoga mkono

pancuran

msukumo wa maji

baskom

bonde

sikat geger

mpako wa pili

sabun

sabuni

gel pancuran

jeli ya kuogea

sampo

shampuu

hem

flana

nguras

toa maji

krim

krimu

deodoran

kiondoa harufu

pangilon

kioo

koco tangan

kioo mkono

silet

kinyozi

umpluk cukur

povu la kunyoa

aftershave

baada ya kunyoa

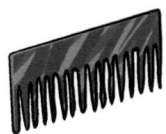

jungkat

kichana

sikat untu

brashi

hairdryer

kikausha nywele

hairspray

marashi ya nyewele

dandanan

vipodozi

gincu

kidomwa

kuteks

varnish ya msumari

kapas

pamba

gunting kuku

mkasi wa kucha

parfum

manukato

kantong adhus

mkoba wa kuosha

dingklik

kinyesi

timbangan

mizani

jubah kanggo sawise adhus

nguo ya kuoga

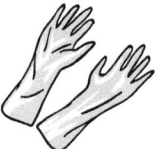

sarung karet

glavu za mpira

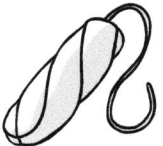

tampon

kisodo

pembalut

sodo

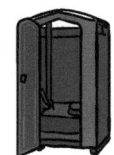

jamban nganggo bahan kimia

kemikali choo

kamar anak

chumba ya mtoto

alarm jam
saa ya kengele
dolanan empuk
kidoli cha kupakata
mobil-mobilan
gari bandia
kumretek
kelele
omah boneka
chumba cha midoli
hadiah
sasa

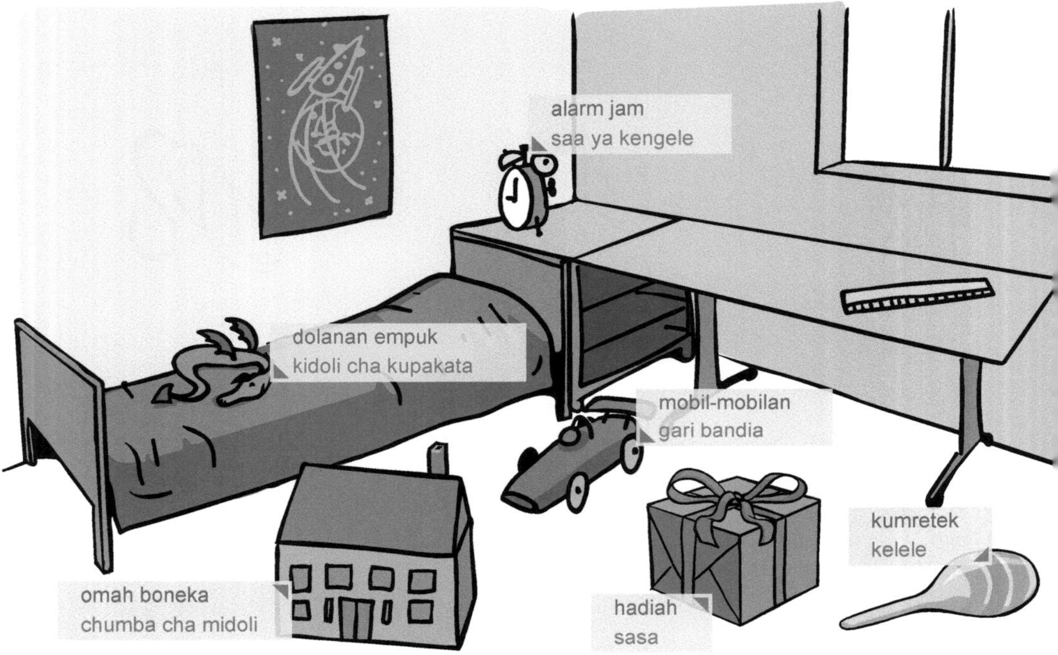

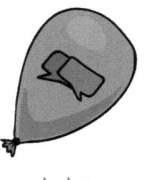

balon

baluni

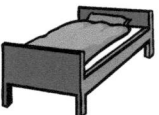

dipan

kitanda

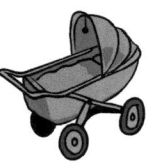

kreto bayi

mashua

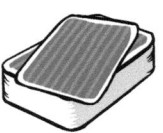

meja kertu

staha ya kadi

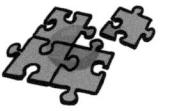

teka-teki

mchezo-fumb

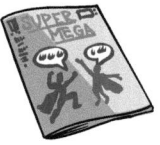

komik

vichekesho

bata lego

matofali lego

balok dolanan

vitalu mwigo

boneka aksi

hatua takwimu

klambi bayi

suti ya kulalia

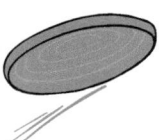

frisbee

kisahani

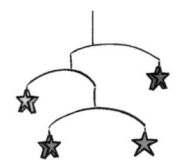

dolanan gantungan

simu

dolanan meja

ubao wa michezo

dadu

kete

sepur dolanan

garimoshi mwigo

dot

dummy

pesta

chama

buku gambar

picha kitabu

bal

mpira

boneka

kikaragosi

dolanan

kucheza

panggon dolanan pasir

shimo la mchanga

ayunan

bembea

dolanan

vitu bandia

konsol video game

kiweko cha video ya mchezo

sepeda roda telu

baiskeli ya magurudumu

beruang teddy

mwanasesere

lemari sandhangan

kabati

matatu

klambi

nguo

kaos kaki

soksi

stoking

stokingi

kathok singset

kibano

slendang
skafu

payung
mwavuli

kaos oblong
fulana

sabuk
ukanda

sepatu bot
viatu

slop
ndara

sepatu kets
wakufunzi

sandal	sepatu	sepatu bot karet
malapa	viatu	mabuti ya mpira
sempak	kutang	rompi
suruali ya ndani	sidiria	fulana

klambi - nguo

awak

mwili

kathok

suruali

kathok jins

dangirizi

rok

sketi

blus

blauzi

klambi

shati

jaket nganggo kudung

vuta

sweter

sweta

blezer

bleza

jaket

jaketi

mantel

koti

jas udan

koti la mvua

kostum

maleba

gaun

gauni

gaun manten

mavazi ya harusi

setelan

suti

klambi kanggo turu

vazi la usiku

piyama

pajama

kain sari

sari

kudung

skafu

serban

kilemba

cadar

burka

kaftan

kaftan

abaya

abaya

klambi kanggo nglangi

vazi la kuogelea

kathok renang

vazi la kiume la kuogelea

kathok cekak

kaptura

klambi trening

teitei

celemek

aproni

sarung tangan

glavu

benik

kifungo

kacamata

glasi

gelang

bangili

kalung

mkufu

ali-ali

pete

anting-anting

herini

peci

kofia

gantungan mantel

kiango cha koti

topi

kofia

dasi

tai

slerekan

zipu

helem

kofia

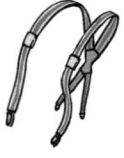

bretel

kanda za suruali

sragam sekolah

sare za shule

sragam

sare

oto

bibu

dot

dummy

popok

nepi

kantor

ofisi

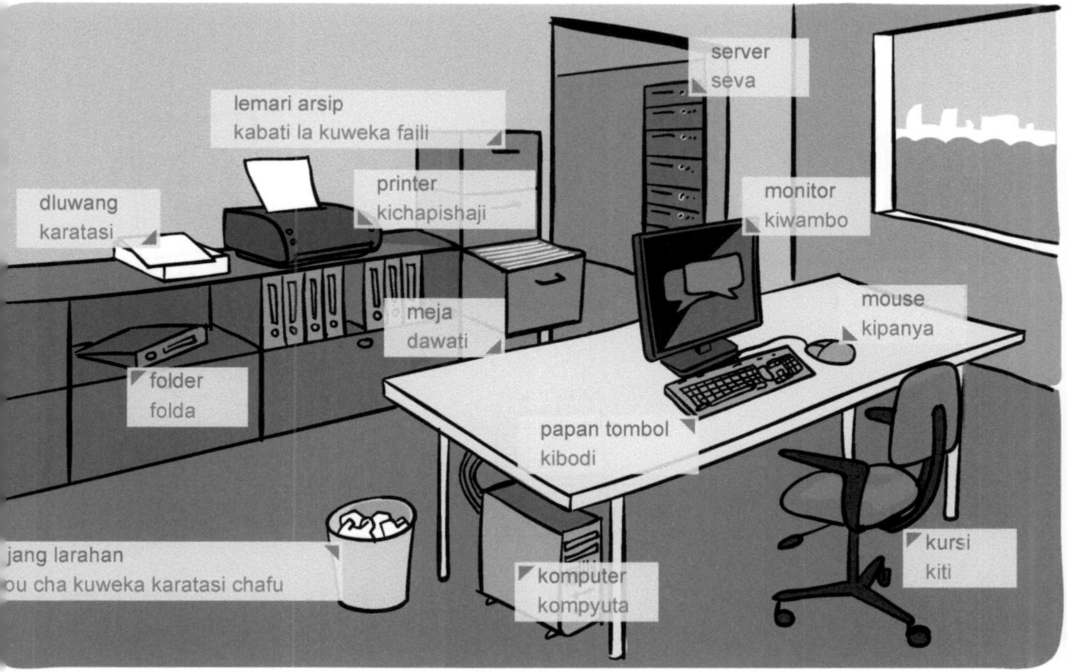

server
seva

lemari arsip
kabati la kuweka faili

dluwang
karatasi

printer
kichapishaji

monitor
kiwambo

meja
dawati

mouse
kipanya

folder
folda

papan tombol
kibodi

jang larahan
ou cha kuweka karatasi chafu

kursi
kiti

komputer
kompyuta

cangkir kopi

kmobe la kahawa

kalkulator

kikokotoo

internet

biashara

laptop

mbali

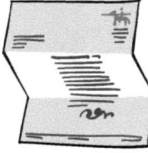

surat

barua

pesen

ujumbe

HP

rununu

jaringan

intaneti

mesin fotokopi

fotokopia

software

programu

telpon

simu

colokan

soketi

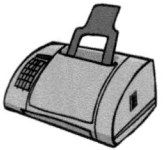

mesin faksimili

kipepesi

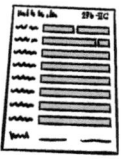

blangko

fomu

dokumen

hati

kantor - ofisi

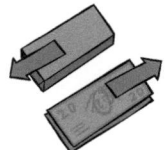

tuku
kununua

mbayar
kulipa

bebakulan
biashara

duit
fedha

USD

dolar
dola

EUR

euro
yuro

JPY

yen
yeni

RUB

rubel
rouble

CHF

franc Swiss
faranga ya Uswisi

CNY

yuan renminbi
renminbi yuan

INR

rupe
rupia

cash point
eneo la kulipia

kantor pertukaran duit
mancanegara
ofisi ya ubadilishanaji

emas
dhahabu

perak
fedha

minyak
mafuta

energi
nishati

rego
bei

kontrak
mkataba

pajek
kodi

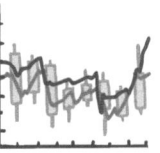

saham
bidhaa

kerjo
kazi

pegawe
mfanyakazi

juragan
mwajiri

pabrik
kiwanda

toko
duka

perwira polisi
afisa wa polisi

petugas kobongan
mzimamoto

tukang masak
mpishi

dokter
daktari

pilot
rubani

tukang kebon

mtunza bustani

tukang kayu

seremala

tukang jahit

mshonaji

hakim

hakimu

ahli kimia

mwanakemia

aktor

muigizaji

sopir bis

dereva wa basi

sopir taksi

dereva wa teksi

nelayan

mvuvi

tukang reresik

mwanamke wa kusafisha

tukang pasang gendheng

mwezekaji

laden

mhudumu

pamburu

mwindaji

pelukis

mchoraji

tukang roti

mwokaji

tukang listrik

umeme

tukang mbangun

mjenzi

insinyur

mhandisi

jagal

mchinjaji

tukang ledeng

fundi bomba

tukang pos

mwanaposta

tentara

mwanajeshi

arsitek

msanifu majengo

kasir

keshia

bakul kembang

muuza maua

juru rambut

msusi

kondektur

kondakta

mekanik

mekanika

kapten

nahodha

dokter untu

daktari wa meno

ilmuwan

mwanasayansi

rabbi

rabbi

imam

imamu

biksu

mtawa

pandhita

kasisi

alat
zana

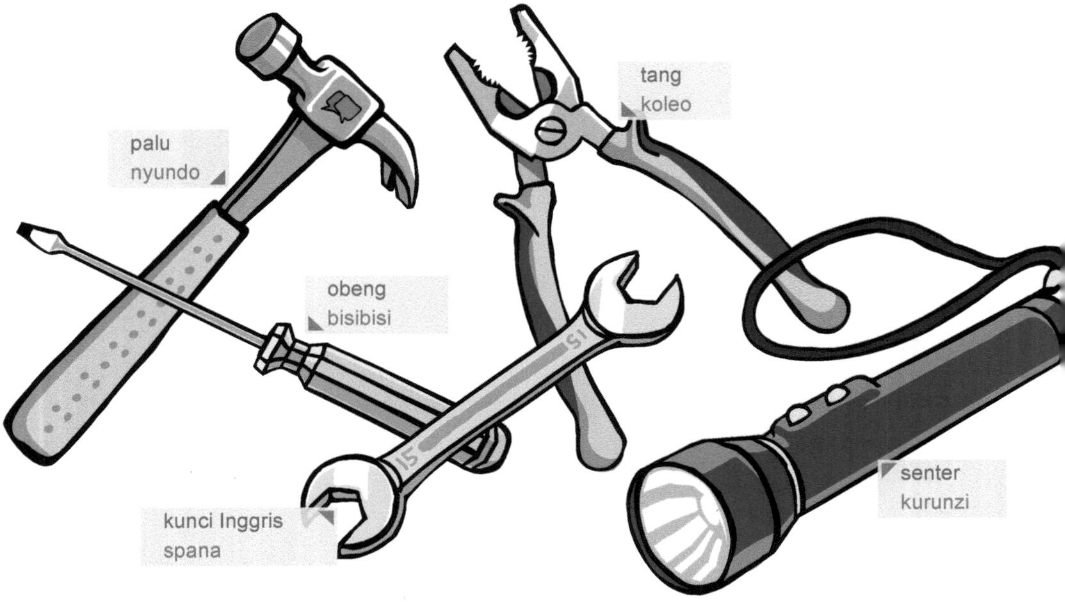
palu
nyundo
tang
koleo
obeng
bisibisi
kunci Inggris
spana
senter
kurunzi

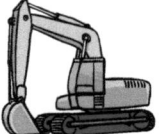

mesin kerukan

mchimbaji

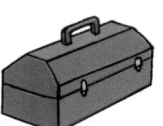

wadah perkakas

sanduku la vifaa

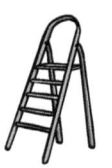

andha

ngazi

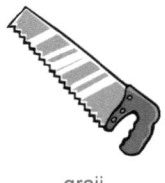

graji

msumeno

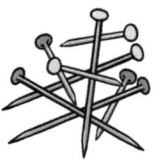

paku

misumari

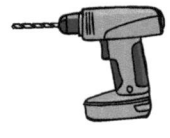

bur

kuchimba visima

ndandani

kukarabati

sekop

sepetu

Bajigur!

Lo!

serok

kishikio cha uchafu

kaleng cat

chungu cha rangi

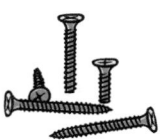

sekrup

skurubu

alat musik
ala za muziki

speker
spika

sak set tambur
mpangilio wa ngoma

gitar
gita

bass dobel
besi mara mbili

trompet
tarumbeta

piano
piano

biola
fidla

bass
ubeji

timpani
timpani

tambur
ngoma

keyboard
kibodi

saksofon
saksafoni

suling
filimbi

mikropon
maikrofoni

kebon kewan

bustani ya wanyama

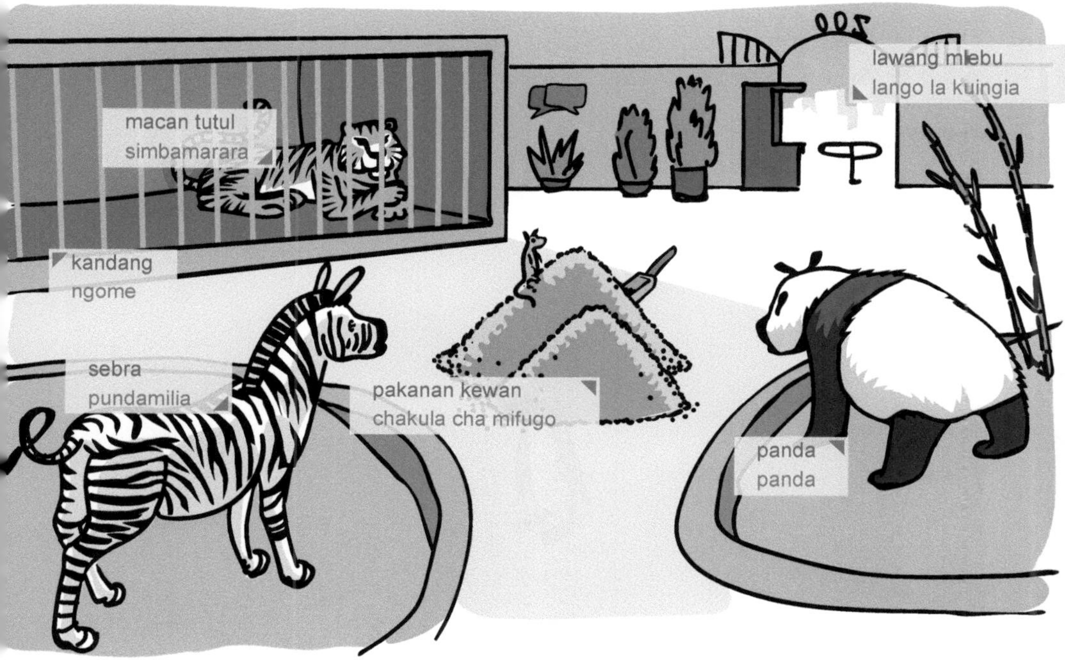

lawang mlebu
lango la kuingia
macan tutul
simbamarara
kandang
ngome
sebra
pundamilia
pakanan kewan
chakula cha mifugo
panda
panda

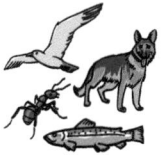

kewan

wanyama

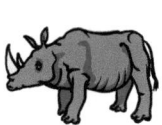

gajah

tembo

kanguru

kangaruu

badak

kifaru

gorila

sokwe

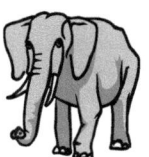

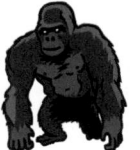

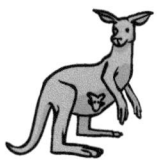

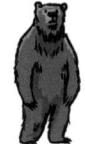

beruang

dubu

unta

ngamia

manuk unta

mbuni

singa

simba

kethek

tumbili

flamingo

heroe

bethet

kasuku

beruang kutub

dubu

pinguin

penguini

hiu

papa

merak

tausi

ula

nyoka

baya

mamba

juru kunci kebon kewan

mtunza wanyama

singa segara

muhuri

jaguar

jaguar

jaran poni

mwanafarasi

macan tutul

chui

kuda nil

kiboko

jrapah

twiga

garudha

tai

celeng

nguruwe mwitu

iwak

samaki

bulus

kobe

walrus

sili

rubah

mbweha

kidang

paa

bal-balan Amerika
soka ya marekani

sepedahan
uendeshaji baiskeli

tenis
tenisi

basket
mpira wa kikapu

nglangi
kuogelea

tinju
ndondi

hoki es
magongo ya barafuni

bal-balan
soka

badminton
vinyoya

atletik
riadha

bal tangan
mpira wa mikono

ski
skii

polo
polo

ngguyu
cheka

mencolot
kuruka

ngrangkul
kumbatia

mlaku
kutembea

nembang
kuimba

ngimpi
ota ndoto

ndonga
kuomba

ngambung
busu

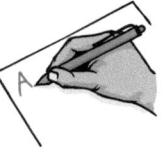

nulis
kuandika

nggambar
kuteka

nuduhake
angalia

mencet
sukuma

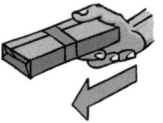

menehi
kutoa

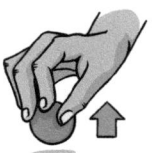

njupuk
kuchukua

duweni

kuwa

nindakake

fanya

yaiku

kuwa

ngadek

kusimama

mlayu

kukimbia

narik

vuta

nguncalake

kutupa

tiba

kuanguka

ngapusi

hadaa

ngenteni

kusubiri

nggawa

kubeba

lungguh

kukaa

klamben

vaa nguo

turu

usingizi

tangi

kuamka

ndheleng

kuangalia

nangis

lia

ngelus

kiharusi

njungkati

chana nywele

ngomong

ongea

mangerteni

kuelewa

takon

kuuliza

ngrungoake

kusikiliza

ngombe

kunywa

mangan

kula

ngrapiake

nadhifisha

nrisnani

upendo

masak

mpishi

nyopir

gari

mabur

kuruka

nglayar
meli

itung
kokotoa

maca
kusoma

sinau
kujifunza

kerjo
kazi

ngrabi
kuoa

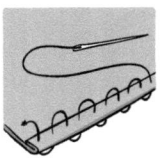

njahit
kushona

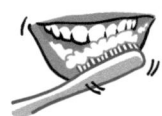

nyikat untu
piga mswaki

mateni
kuua

ngrokok
moshi

ngirim
kutuma

mbah putri
bibi

mbah kakung
babu

bapak
baba

ibu
mama

bayi
mtoto

anak wedok
binti

anak lanang
bin

tamu

mgeni

bu lik

shangazi

pak lik

mjomba

dulur lanang

kaka

dulur wadon

dada

awak

mwili

bathuk
paji la uso
mripat
jicho
pundhak
bega
driji
kidole
pasuryan
uso
janggut
kidevu
tangan
mkono
sikil
mguu
payudara
matiti
lengen
mkono

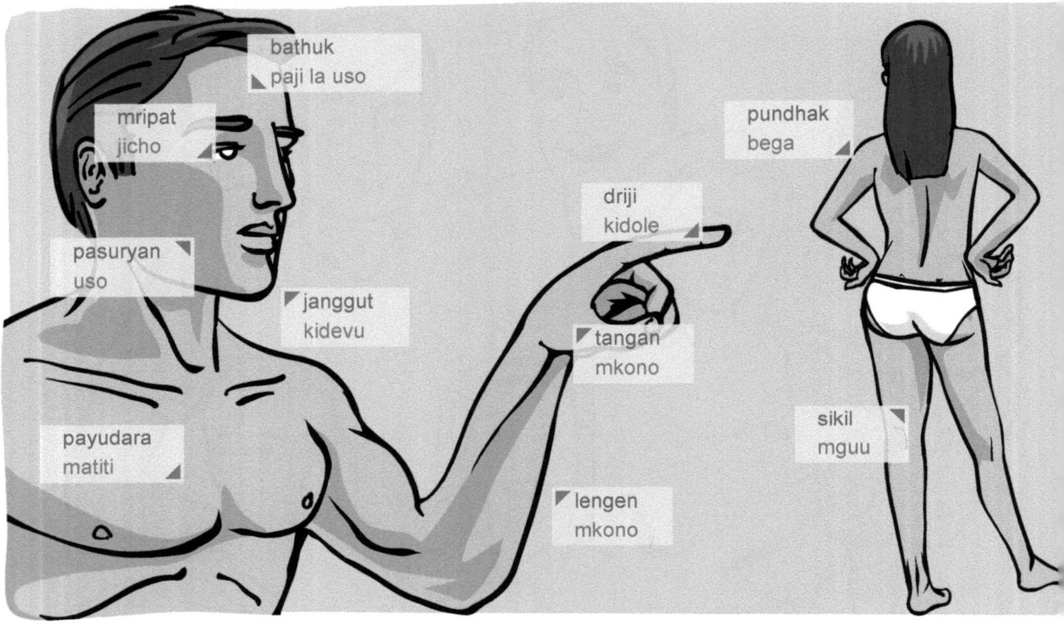

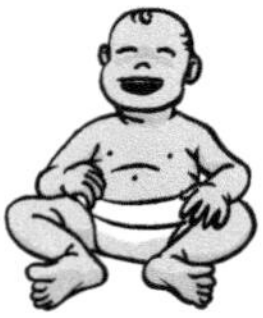

bayi

mtoto

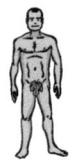

lanang

mwanamume

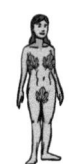

wadon

mwanamke

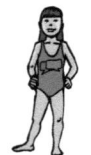

bocah wadon

msichana

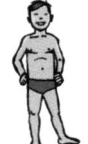

bocah lanang

mvulana

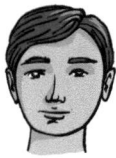

sirah

kichwa

	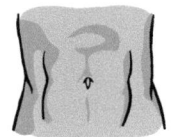	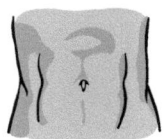
geger	weteng	puser
nyuma	tumbo	kitovu
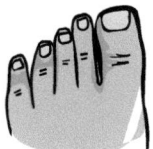	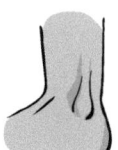	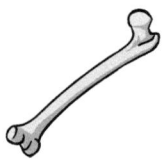
driji sikil	tungkak	balung
chano	kisigino	mfupa
	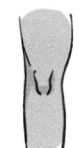	
panggul	dengkul	sikut
nyonga	goti	kiwiko
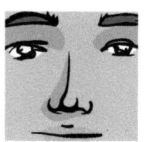		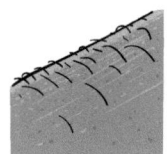
irung	bokong	kulit
pua	chini	ngozi
	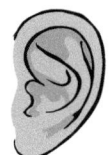	
pipi	kuping	lambe
shavu	sikio	mdomo

lisan
kinywa

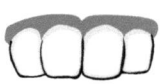

untu
jino

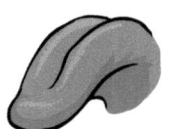

ilat
ulimi

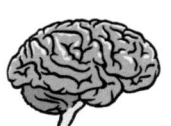

uteg
ubongo

jantung
moyo

otot
misuli

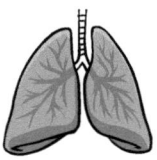

paru
pafu

ati
ini

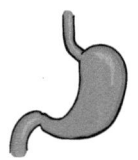

garba
tumbo

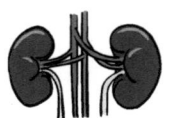

ginjel
figo

sanggama
jinsia

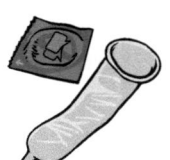

kondom
kondomu

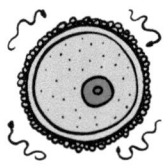

ovum
ovari

mani
shahawa

mbobot
mimba

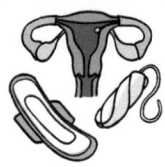

haid

hedhi

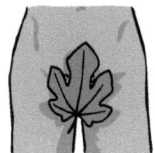

vagina

uke

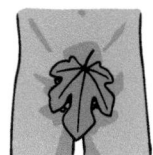

zakar

uume

alis

unyusi

rambut

nywele

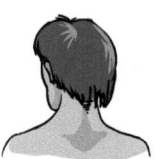

gulu

shingo

griya sakit
hospitali

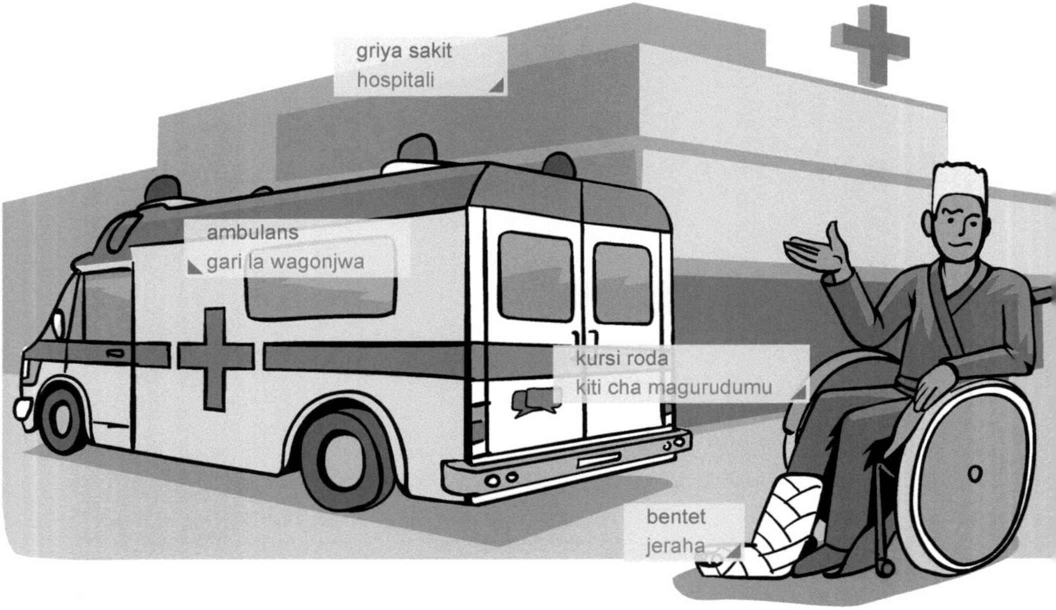

griya sakit
hospitali
ambulans
gari la wagonjwa
kursi roda
kiti cha magurudumu
bentet
jeraha

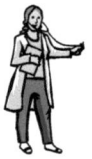

dokter

daktari

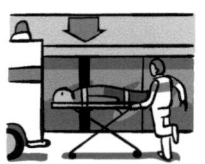

kamar gawat darurat

chumba cha dharura

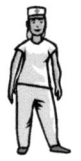

perawat

muuguzi

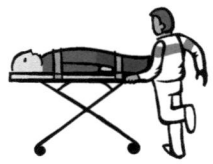

dharurat

dharura

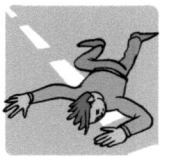

ora sadar

kupoteza fahamu

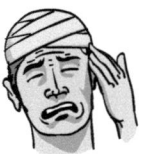

linu

maumivu

tatu
kuumia

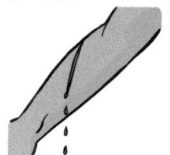

getihen
kutokwa na damu

serangan jantung
mshtuko wa moyo

setruk
kiharusi

alergi
mzio

watuk
kikohozi

ngelu
homa

pilek
mafua

diare
kuharisha

mumet
maumivu ya kichwa

kanker
kansa

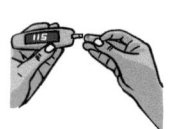

diabetes
ugonjwa wa kisukari

ahli bedah
daktari mpasuaji

lading bedah
kisu kidogo cha kupasulia

operasi
operesheni

CT

picha changanufu ya mwili

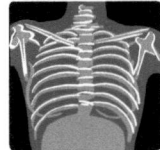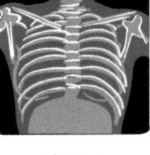

sinar x

Eksrei

USG

mawimbi sauti

masker

barakoa ya uso

penyakit

ugonjwa

kamar nunggu

chumba cha kusubiri

pitulung

mkongojo

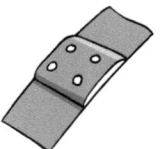

perban

plasta

perban

bendeji

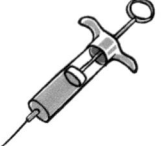

suntik

sindano

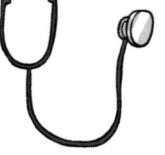

stetoskop

stetoskopu

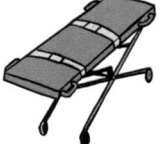

tandu

machela

termometer klinik

kipimajoto cha kliniki

lair

kuzaliwa

kalemon

unene kupita kiasi

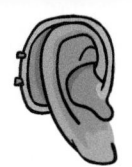

alat bantu dengar

kusikia misaada

disinfektan

kipukusi

infeksi

maambukizi

virus

virusi

HIV/AIDS

VVU / UKIMWI

obat

dawa

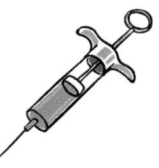

vaksinasi

chanjo

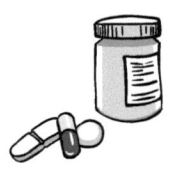

tablet

vidonge

pil

kidonge

nomer telpon darurat

simu ya dharura

ngukur tensi getih

haemodainamometa

lara / waras

mgonjwa / mwenye afya

Tulung!

Msaada!

alarem

kengele

sergap

pigo

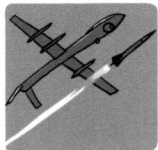

serangan

shambulizi

bebaya

hatari

lawang metu dharurat

lango la dharura

Kobongan!

Moto!

alat mateni geni

kizima moto

kacilakan

ajali

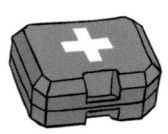

pitulungan wiwitan

vifaa vya huduma ya kwanza

SOS

wito wa msaada

polisi

polisi

Eropa

Ulaya

Amerika Lor

Amerika ya Kaskazini

Amerika Kidul

Amerika ya Kusini

Afrika

Afrika

Asia

Asia

Australia

Australia

Atlantik

Atlantiki

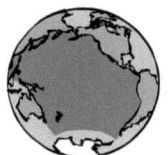

Pasifik

Pasifiki

Samudra Hindia

Bahari ya Hindi

Samudra Antartika

Bahari ya Antaktiki

Samudra Arktik

Bahari ya Aktiki

Kutub Lor

Ncha ya Kaskazini

Kutup Kidul

Ncha ya Kusini

Antarktika

Antaktika

bumi

dunia

daratan

nchi

segara

bahari

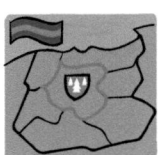

pulau

kisiwa

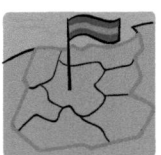

bangsa

taifa

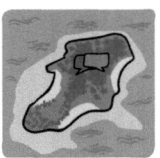

negara

jimbo

layar jam

uso wa saa

dom jam

akrabu ya saa

dom menit

akrabu ya dakika

dom detik

akrabu ya sekunde

Jam piro saiki?

Ni saa ngapi?

dina

siku

wektu

wakati

saiki

sasa

jam digital

saa ya dijitali

menit

dakika

jam

saa

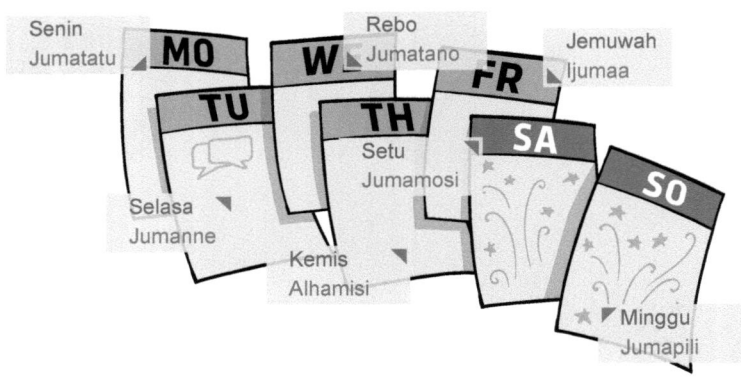

Senin
Jumatatu

Rebo
Jumatano

Jemuwah
Ijumaa

Selasa
Jumanne

Setu
Jumamosi

Kemis
Alhamisi

Minggu
Jumapili

wingi

jana

saiki

leo

sesuk

kesho

esuk

asubuhi

awan

saa sita mchana

bengi

jioni

dina kerja

siku za biashara

akhir minggu

mwishoni mwa wiki

tahun
mwaka

udan es
mvua
kluwung
upinde wa mvua
salju
theluji
angin
upepo
musim semi
majira ya machipuko
mangsa gugur
vuli
musim ketigo
kiangazi
mangsa adem
majira ya baridi

4.APRIL 11°
5.APRIL 4°
6.APRIL 13°
7.APRIL 8°
8.APRIL 10°

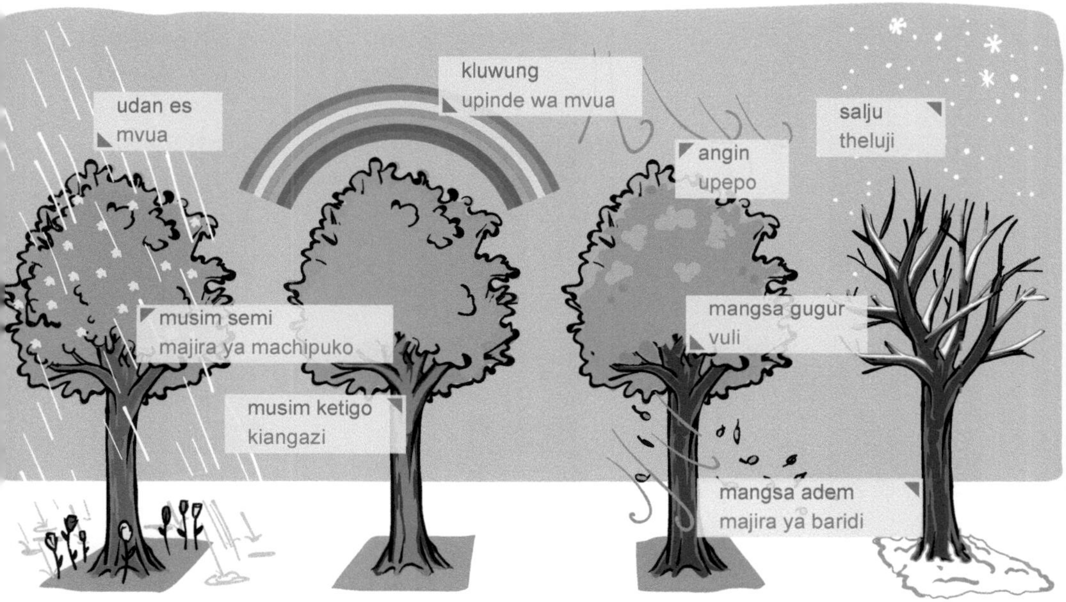

ramalan cuaca

utabiri wa hali ya hewa

F C
120 90 60 30 0 -30
40 30 20 10 0 -10 -20

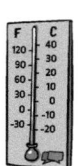

termometer

kipimajoto

srengenge

mwanga wa jua

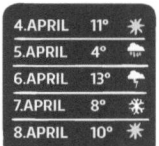

mendhung

wingu

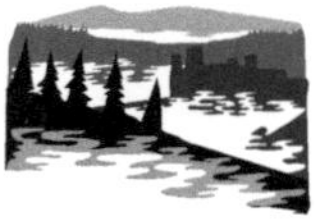

kabut

ukungu

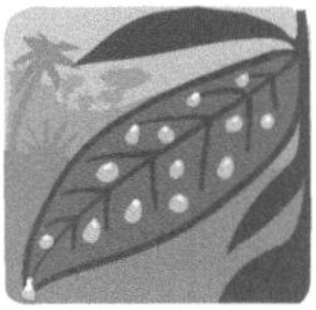

kelembapan

unyevu

kilat

umeme

bledheg

radi

badai

dhoruba

udan es

mvua ya mawe

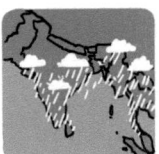

muson

monsuni

banjir

mafuriko

es

barafu

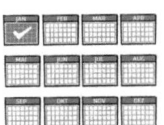

Januari

Januari

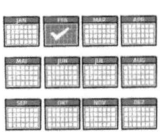

Februari

Februari

Maret

Machi

April

Aprili

Mei

Mei

Juni

Juni

Juli

Julai

Agustus

Agosti

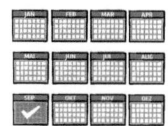

September
....
Septemba

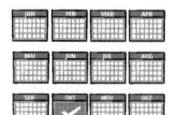

Oktober
....
Oktoba

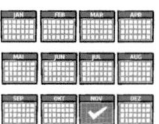

Nopember
....
Novemba

Desember
....
Desemba

wangun
maumbo

bunder
....
mduara

kuadrat
....
mraba

segi papat
....
mstatili

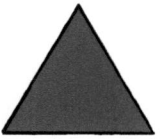

segi telu
....
pembetatu

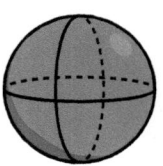

bal
....
nyanja

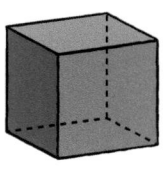

kubus
....
mchemraba

putih

nyeupe

kuning

manjano

oranye

chungwa

jambon

rangi ya waridi

abang

nyekundu

ungu

hudhurungi

biru

bluu

ijo

kijani

coklat

hanja

abu-abu

jivujivu

ireng

nyeusi

akeh / sithik

mengi / kidogo

nesu / kalem

hasira / pole

ayu / elek

nzuri / mbaya

pawitan / pungkasan

mwanzo / mwisho

gede / cilik

kubwa / ndogo

padhang / peteng

angavu / giza

sedulur lanang / sedulur wadon

kaka / dada

resik / reged

safi / chafu

pepak / ora pepak

kamilika / tokamilika

awan / bengi

siku / usiku

mati / urip

wafu / hai

jembar / sempit

pana / nyembamba

iso dipangan / ora iso dipangan

kulika / kutolika

ala / becik

ovu / ema

seneng / bosen

sisimkwa / udhika

lemu / kuru

nene / nyembamba

pisanan / pungkasan

kwanza / mwisho

kanca / musuh

rafiki / adui

kebak / kosong

jaa / tupu

atos / empuk

ngumu / laini

abot / enteng

nzito / nyepesi

luwe / wareg

njaa / kiu

lara / waras

mgonjwa / mwenye afya

illegal / legal

haramu / kisheria

pinter / bodo

akili / kijinga

kiwa / tengen

kushoto / kulia

cedhak / adoh

karibu / mbali

anyar / lawas

mpya / kutumika

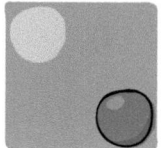

ora ana / ana

kitu / jambo

tuwa / enom

zee / changa

urip / mati

waka / zima

buka / tutup

wazi / fungwa

anteng / rame

utulivu / kelele

sugeh / mlarat

tajiri / masikini

bener / salah

sahihi / kosa

kasar / alus

mbaya / laini

susah / seneng

huzunika / furahia

cendhak / dawa

fupi /ndefu

alon / banter

polepole / haraka

teles / garing

nyevu / kavu

anget / adem

joto / baridi

perang / tentrem

vita / amani

0

nol
·················
sufuri

1

siji
·················
moja

2

loro
·················
mbili

3

telu
·················
tatu

4

papat
·················
nne

5

limo
·················
tano

6

enem
·················
sita

7

pitu
·················
saba

8

wolu
·················
nane

9

songo
·················
tisa

10

sepuluh
·················
kumi

11

sewelas
·················
kumi na moja

12

rolas

kumi na mbili

13

telulas

kumi na tatu

14

patbelas

kumi na nne

15

limolas

kumi na tano

16

nembelas

kumi na sita

17

pitulas

kumi na saba

18

wolulas

kumi na nane

19

songolas

kumi na tisa

20

rong puluh

ishirini

100

satus

mia

1.000

sewu

elfu

1.000.000

sak yuto

milioni

basa Inggris

Kiingereza

basa Inggris Amerika

Kiingereza cha Marekani

basa Cina Mandarin

Kimandarini cha Uchina

basa Hindi

Kihindi

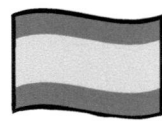

basa Spanyol

Kihispania

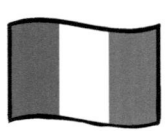

basa Prancis

Kifaransa

basa Arab

Kiarabu

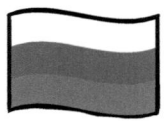

basa Rusia

Kirusi

basa Portugis

Kireno

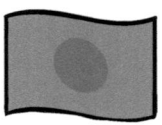

basa Bengali

Kibengali

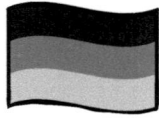

basa Jerman

Kijerumani

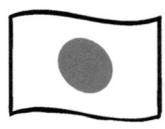

basa Jepang

Kijapani

aku

mimi

kowe

wewe

dheweke

yeye / yeye / ni

kita

sisi

kowe kabeh

wewe

dheweke kabeh

wao

sapa?

nani?

apa?

nini?

piye?

jinsi gani?

neng endi?

wapi?

kapan?

lini?

jeneng

jina

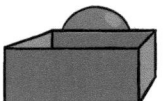

mburi

nyuma

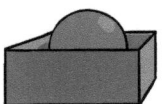

ing jero

katika

ing ngarep

mbele ya

ing dhuwure

juu ya

ing

kwenye

ing ngisore

chini ya

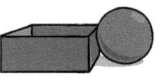

sisih

kando

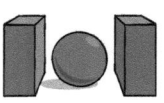

antarane

kati

panggonan

mahali